Elke Krisch

Hand in Hand - durch dick und dünn mit Gott

Elke Krisch

Hand in Hand - durch dick und dünn mit Gott

Gebete und Texte

Fromm Verlag

Cover image: www.ingimage.com

Publisher:
Fromm Verlag
is a trademark of
International Book Market Service Ltd., member of OmniScriptum Publishing Group
17 Meldrum Street, Beau Bassin 71504, Mauritius

Printed at: see last page
ISBN: 978-613-8-35359-1

Inhaltsverzeichnis

Weil ich leben will

Durch das Tal der Tränen musste ich,

musste magere Jahre ertragen,

meine Augen waren verbunden

mit dem Tuch entzogener Freuden

Weil ich leben wollte,

blieb mir vorerst nichts

als hilflose Nacktheit.

Wie eine Schlange stieß ich

Hautschicht um Hautschicht ab.

Und plötzlich stand ein Engel vor mir

und gab mir ein neues Kleid…

Meditation

Mit den Augen

hinter die Augen schauen

den Blick umkehren

und in mich hinabsenken

den Kopfsprung wagen

hinein in den See der Stille

der in mir ausgebreitet liegt

und auf seine Entdeckung wartet

Polarstern

Mit geblähten Segeln

fährt meine Sehnsucht

hinaus

auf's offene Meer

Heimat ist fern

und vertraute Erde

Gerade in tiefschwarzen Nächten

brennt dein Augenpaar

als Polarstern

wie Feuer in meiner Seele

Beduine

Mein Herzensfluss ist versiegt

von der Werktagswanderdüne zugedeckt

erdrückt

erstickt

Sei du der Beduine

der ihn erspürt

und ihn behutsam wieder freilegt

Advent

Wenn Nächte kalt werden

und der Mond einen Hof bekommt

wenn Katzen leiser als sonst

durch Schneefelder streifen

reift ein Geheimnis in mir

Mitten im Winter

ein Herz voll Sommerfreude

weil du kommst

Herr

Sehnsucht

Gott meiner Sehnsucht

wecke mich aus meiner Erstarrung

Die Alltagsmühle hat meine Seele

zu einem Kiesel geschliffen

glatt und hart

Brich sie auf

und befreie mich

Ich möchte leben

ganz da sein im Augenblick

Ich möchte zur Schale werden

für deine Gegenwart

Gott meiner Sehnsucht

wecke mich aus meiner Erstarrung

Dein Bild

Belichte

meine Seele

mit deinem göttlichen Antlitz

dass sich mit der Zeit aus dem Negativ

dein Bild entwickelt

An Gott

Lass deine Lippen auf mir ruh'n

Geliebter

Senk deinen Atem in mich hinab

Ich will Flussbett sein

für deinen Strom der Liebe

Verlorenes Schaf

Es gibt Zeiten

in denen ich deine Herde schwer ertrage, Herr

Dann kann es sein

dass ich deinem Mahl fernbleibe…

zu viel selbstgefälliges Geblök

reißt mich fort

von mir

und dir

Über einsame Wege

muss ich dich wiederfinden

muss ein ‚verlorenes Schaf' werden

dem du nachgehst

das du aufhebst

an deine Brust drückst

das du spüren lässt

wie froh du bist

es bei dir zu haben

Ich bin selig in deinen Armen

… und kann deine Herde wieder

mit neuen Augen sehen

Tagebuchgebet

Wie ein schwerer Vorhang wurde der Schlaf

zur Seite geschoben

beängstigend groß ist die Wüste der Nacht

und die Verlorenheit

Wo bist du, Gott?

Schenk mir ein Heilungswort

ein Liebeswort

ein Lebenswort

dass der Tag zurückkehrt

und Wüste wieder zu Ackerboden wird

Nach den Schweigetagen

In der geschützten Geborgenheit der Stille

durfte ich Kraft schöpfen bei dir

durfte ich sein wie ich bin

ohne Schutzkleidung und Masken

Die Welt draußen ist laut

Wie ein geschwächter Genesender fühle ich mich

bin noch zu zerbrechlich

für den Umgang mit den Menschen

Und doch schickst du mich wieder hinaus in den Sturm

Aber du sagst:

Ich bin bei dir – hab keine Angst

Morgengebet

Ich trage in mir ein Bild

das Bild eines Brunnens

einer tiefen Zisterne –

eine kleine Ewigkeit lang für den Stein

den ich auf den Grund fallen lasse

zur Probe

Ich trage in mir dieses Bild

ich sei ein Brunnen

eine Zisterne

bereit für das Wasser vom Grund

bereit für das Wasser vom Himmel

bereit

Bittgebet

Herr

füll meinen Brunnen mit Wasser

mit dem kristallklaren Wasser deiner Gegenwart

füll ihn bis obenhin

lass ihn überfließen

lass ihn werden

zu deinem lebendigen Brunnen

Herr

komm mit deiner Fülle

erfülle mich

lass mich voll werden von dir

sei mein lebendiges Wasser

mach aus mir einen Brunnen

der überfließt von dir

Du

Wie oft noch

muss ich an deinem Schweigen zerbrechen?

Wie oft noch

die Schale der Hoffnung

vergebens

an meine Lippen führen?

Trotzdem

laufe ich weiter zum Brunnen

und warte

mit einer leeren Schale in der Hand

in die du schon lange deine Liebe gelegt hast

… im Schweigen …

Tagesprotokoll wird zum Gebet

Am Vormittag

Bürozeit

gearbeitet

wie ein Gaul mit Scheuklappen

zu Mittag schnell

das Essen zubereitet

nachmittags

wenn alle aus dem Haus

den schweren Kopf

auf die Arme gelegt

den farblosen Denkbrei

ausrinnen lassen

und mich plötzlich gefragt

wohin sie verduftet ist

meine Lebensfreude

Komm

Du frischer, bunter Gottesgeist

tauche meine graue Seele

in dein Farbbad!

Dir zu Füßen

Herr, bevor ich dein Heiligtum betrete
mitten in mir
lege ich alles
woran mein Herz hängt
und woraus es lebt
dir zu Füßen
Meine Fähigkeiten
und die Freude darüber
die zähen Schatten meines Fehlens
die Menschen
die mir Heimat sind
wie auch die Liebe zu dem einen
schließlich
das ganze Kleid meiner Seele
in dem sie sich zeigt

Bloß stehe ich vor dir
und bin doch reicher als zuvor
denn dein Segen ruht nun auf allem

Gebet am Morgen

Herr, du hast mich auf die Reise geschickt,
um gereift bei dir anzukommen,
um mein unverdientes Gepäck
am Ende als wohlverdienten Schatz
in deine Hände zu legen.

Hilf mir jeden Tag so zu leben,
als wäre es die Reise zurück zu dir,
dann wird mein Heimkommen am letzten Tag
ein Festtag sein.

Bad Hair Days

Blind wie ein Maulwurf

bin ich für deine Liebe, Herr,

sitze tagaus tagein

im Bau düsterer Gedanken

Doch selbst dort findest du mich

Du durchbrichst das Dunkel

überwindest Mauern

ebnest Straßen

füllst Täler auf

lässt Wüsten grünen

bändigst Fluten

schickst Engel auf meinen Weg

tagaus tagein

… nur für mich …

Herr, heile meine Blindheit!

Schweigetage im Kloster (1)

Gott

du Unfassbarer

Verborgener

der du in der Stille wohnst

durchtränke meine klamme Seele

mit der warmen Flut deiner Nähe

mit deinem Segen

dass ich erwache zu dir

Schweigetage im Kloster (2)

Göttlicher Meister

male dein Bild

auf die Leinwand meines Herzens

erschaffe in deinen Farben

dich in mir

dass ich dich mit meiner Leiblaterne

hinaustragen kann in die Welt

Gottes leiser Vorübergang

Wie gedankenverloren

streicht deine Hand

durch die Stille der Mondnacht

vor meinem Fenster

du bist da

und nicht da

In dieser Ahnung bist du mir näher

als ich mir selbst

Liebestrank

Herr, steig‘ hinab

in den Brunnenschacht meiner Seele

mein Schöpfgefäß

ging darin verloren

Bring es mir wieder

gefüllt bis an den Rand

mit deinem lebensspendenden Wasser

Dann trinken wir beide

und sehen uns an

mit Augen der Liebe

Stille Nacht

Heuer kein Weihnachten

mit goldenem Klimbim

Kinderkehlchenhalleluja

Knopfdrucksentimentalität

und obligater Bescherung!

Heuer nur der eine Gedanke:

Du willst kommen

- und diesmal bin ich zu Hause!

Sei mein Bethlehem

Komm

sei mein Bethlehem

spricht der Herr

schenke mir die Krippe deines Herzens

ich möchte Wohnung darin nehmen

Sei mein Bethlehem

dann wird aus Stroh

fruchtbares Grün

und meine Liebe wird dir Nahrung sein

Sei mein Bethlehem

so wird Brot für die Hungernden

und Feuer für die Frierenden

nie zur Neige geh'n

Nach der Kommunion

Mit zärtlichen Armen ziehst du mich an dich

und erfüllst mich mit deinem Licht

du schickst mich als deine kleine Laterne

in die Welt hinein

und hoffst

dass ich dich weitergebe

wie das Licht von Bethlehem

Wunder-voll

Wieder quälen

verfrühte Weihnachtslieder

unsere Ohren

man will uns auspressen

wie harte Zitronen

dass wir kaufwillig werden

Du hingegen hast ein anderes Angebot

Die äußeren Augen und Ohren verschließen

und die inneren öffnen

Nur so wird Weihnachten

Wunder-voll

Hm...

Manchmal

ist deine Gegenwart

ein tiefes Rätsel

Dann wird Vertrautes

plötzlich

zum größten Hindernis

und Altbewährtes

zu einem Bremsklotz

Ratlosigkeit

ist oft das bessere Einfallstor

für deine Gnade

Gott atmet in allem, was lebt

Heute Nacht,

als ich in der dunklen Stille

zu deinen Füßen saß,

geschah etwas Wunderbares:

Du lenktest den Blick meines Herzens

auf meinen Atem,

der kam und ging,

wie eine ruhige Welle am Strand.

Mit deiner ganzen Schönheit

bist du mir in ihm begegnet,

hast jeden Winkel in mir ausgefüllt

mit deiner heilenden Gegenwart.

Seither hat selbst die größte Verlassenheit

ihren Schrecken verloren!

Herzensgebet

Wie sehnst du dich danach

nicht nur in den Tabernakeln der Kirchen

sondern auch in unseren Herzen

angebetet zu werden

Wie sehr verlangt dich

nach dem täglichen Miteinander

Dann erst werden Lieder und Gebete

zu wahren Juwelen

Spaziergang in der Nacht

Der Schnee knistert leise
unter meinen Füßen

Wie segnend
legen die Bäume
ihre Schattenhände auf den Weg vor mir

In stillen Mondnächten
kommst du mir so nahe, Herr

Das Funkeln von Sternen
über und unter mir
ist wie ein freundliches Zublinzeln von dir

Heiliges Flüstern

In der Tiefe jedes Menschen

wohnt dein heiliges Flüstern

Üben wir im Schweigen

ihm mehr Raum zu geben

Wie sehr könnte diese Entdeckung

die Welt verändern

Gebetsstunde

Erst wenn ich ganz bei dir bin

bin ich ganz bei mir

Erst wenn ich ganz bei mir bin

kann ich auch ganz beim anderen sein

Nur mit dir

werden wir ganz Ich

ganz Du

und ein geglücktes Wir

Verlorenes Kind

Orientierungslos und verwirrt bin ich heute

Wie ein verloren gegangenes Kind

rufe ich nach dir

in meiner Einsamkeit

Du nimmst mich in deine Arme und sagst:

Liebes,

in deiner Gottferne bist du mir nahe

wenn ich unter der kalten Schulter

dieser Welt leide

Begegnung im Morgengrauen

In einer schlaflosen Dezembernacht
öffne ich das Fenster
der Föhn rauscht in den Bäumen
und es duftet nach März

In der überraschenden Frühlingswärme
begegnet mir der Herr im Morgengrauen
wie der werbende Bräutigam
im Lied Salomos

Heilendes Feuer

Ins Dornengestrüpp

von Angst und Verzweiflung

steigst du hernieder

um darin

dein heilendes Feuer zu entzünden

Leuchtturmlicht

Du mein Erlöser

wie schnell verblasst dein Gesicht

in dem verwirrenden Knäuel

hektischer Arbeitstage

Wie ein Schiff auf hoher See

halte ich immer wieder Ausschau

nach deinem Leuchtturmlicht

das mir den sicheren Weg zeigen will

Paradox!

Aber dann wird selbst die stürmische See

zu einem sicheren Hafen

Daheim bei dir

Wenn sich hohle Phrasen

und vordergründige Freundlichkeiten

im Spiegelkabinett der Eitelkeiten tummeln

wird mir so schwer ums Herz

denn auf diesem Parkett

fühle ich mich nicht wohl

Du lächelst

und ziehst mich Heimatlose

in die Stille zu dir

Dort ist Heimat

die mich stark und gesund werden lässt

Spotlight

Nur über meinem Jetzt

spannst du das Zelt deiner Gegenwart

Auch wenn du der Herr aller Zeiten bist

bin ich doch nur im Hier

ganz bei dir zu Hause

Im Schutz dieses heiligen Raumes

beschwert mich kein Vergangenes

macht nichts Zukünftiges mir Angst

Atemzug um Atemzug

Schritt um Schritt

Tag um Tag

wandle ich so in deiner ewigen Anschauung

Komm

Nur Docht

brauche ich zu sein für dich

Öl ist meine Sehnsucht nach dir

Komm, Herr,

entzünde mich

mit dem Feuer deiner Gegenwart

Mit dir ins Du hineinbeten

Eine Brücke bauen

aus Worten

und Schweigen

aus Lachen

und Weinen

eine Brücke bauen zu dir

Einen Bogen spannen

im Warten

und Sehnen

mit den leisen Klängen

des Lebens

einen Bogen spannen zu dir

Leichtfüßig

huschen Gebete darüber

umarmen ein Herz

ein geliebtes

und tauche mit ihm ein

in Dein Licht

Was Gott mir sagen möchte

Wie Lotteriekugeln

wirbeln deine Gedanken hin und her

zwischen dem was war

und dem was sein wird

den Durchbruch ins Jetzt

finden sie nicht

Nur dort kannst du mir begegnen

Findest du das Jetzt

so findest du mich

Gebete

Gebete

für viele nur Wortgeklapper

schnell gelesen und vergessen

Wenn man das eine oder andere aber

in seinem Gebetszelt ausrollt

und sich darauf niederlässt

beginnt es zu leben

und wurzelt dich immer tiefer ein in Gott

Was sind wir dann?

In unseren Köpfen nisten die kranken Glaubenssätze

der Jetzt-Zeit wie Parasiten

und saugen aus unseren Herzen das Blut

Merkt denn keiner,

dass diese Kuckucksbrut im Stande ist,

das Bild Gottes von uns

über Bord zu werfen?

Ahorn vom Herbst berührt

Feuerbaum

lodernd züngelt seine Flamme

ins herbstliche Blau

Wind

schon reiselustig

nimmt knisternde Funken

mit auf den Weg

Morgen brennt der ganze Wald

Heimat

Der Sommer ist tiefer und heißer

als anderswo

der Himmel weiter

die Herbstregen schwerer und süßer

dort näht das Glück

still

Stich für Stich immer weiter

am Lebenstuch der Freude

Vielleicht ist es das!

Bevor ich nicht zuinnerst

ein Wüstenmöch geworden bin

geht gar nichts mit Schreiben

Anti-Höhenflug-Haiku

Die Nagelprobe

der christlichen Nachfolge

ist unser Alltag

So einfach und doch so schwer

(Haiku)

Sei im Augenblick

das Jetzt ist mein Einfallstor

– heiliger Boden

Weihnachten

Unfassbarer Gott

du gewaltiger Herrscher

wie klein du dich machst

zum Minnesänger wirst du

um deine Geschöpfe zu locken

Nachtgeschehen

(Tanka)

Lider geschlossen

Mond rahmt mit Silberpinsel

Federwolken ein

Traumkarawanen bringen

meiner Seele Freudenpost

Geliebt, so wie du bist

Der Herr sprach zu mir:

„Deine Schwäche genügt mir“,

und nahm mir die Kraft

Ich verlor meine Masken

dann küsste Er mein Gesicht

Ping-pong

(Tanka)

Im Small-Talk-Ping-Pong

werd‘ ich an die Wand gespielt

bin ich eine Null

Muss ich mich wirklich kränken

dass ich nicht mitspielen kann?

Komm, Herr Jesus

Komm, Herr Jesus,

wachse in mir,

bescheiden ist der Humus

in dem du Wurzeln schlagen kannst,

steinig

und oft von Dürren heimgesucht,

doch groß ist die Sehnsucht nach dir

Komm, Herr Jesus,

erfülle mein Seelenhaus mit deinem Licht,

dass es strahlend wird

und einladend

für alle, die mir begegnen

Komm, Herr Jesus,

wachse in mir

Lebens-wende

Wie Abraham

herausgerissen

aus dem vertrauten Leben

hineingestoßen

in die Wüste der Ratlosigkeit

Mit dir ringen müssen

wie damals Jakob am Fluss

bis er dich bat

ihn zu segnen

Dann erst beginnt der Morgen zu dämmern

Nur sehr langsam treten aus dem Dunkel

die Umrisse meines erlösten Seins

Überraschung

So hab‘ ich das noch nie gesehen –

dass ein Burn-out

ja auch ein Switch-on sein kann

Du brennst alles nieder

was mich nicht zu dir bringt

und hauchst mir dein Feuer ein

Schleichende Gefahr

Sei vorsichtig

wenn du viel machst und tust

Etwas zeitversetzt

bläht sich gerne

der Ballon der Selbstgefälligkeit auf

Er hebt dich über andere

und du wirst blind für dich

Verführt

Ein Airbag hat sich aufgebläht

zwischen mir und dir –

ohne Katastrophenfall

Ich hab‘ nur jeden Tag

ein wenig mehr

dem Zeitgeist das Ruder überlassen

Im 0-8-15-Takt

rudert er mich immer weiter fort von dir

Frühmorgens

Die schönste Zeit des Tages ist der Morgen
wenn des Menschen Lieblingstiere
noch in den Garagen schlafen
und eine Vogelarie zaghaft
durch die Dämmerung perlt

Nur in diesen frühen Morgenstunden
kann man es fast sinnlich spüren
wie Gottes Gewandsaum
über Wald und Wiesen streift

Anbetung

Ich bete dich an

dein Wohlwollen umhüllt mich

wärmt meine Seele

In dieser Gnadenzeit der Stille

erschaffst du mich neu

Ölung und Heilung

Immer wieder

blockiert der Sand der Welt die Scharniere

meiner Türen zu dir

Wie wenig braucht es

sie zu ölen

Nur bei dir sitzen

und dich anschauen

würde genügen

Wenn ich nichts spüre

Deine Hand

sehnsuchtstrunken

webt Worte der Liebkosung

um die Kettfäden

meines bangen Wartens

Wellenbrecher

Alles

was ich lieber verstecken möchte

aus den Tagen

als ich dir halbherzig nachfolgte

hast du mir vergeben

und machst es zum Wellenbrecher

gegen den Stolz

Sr. Debora

Dein Apfelgesicht im Chorgestühl der Sauerkirschen

ein schelmisches Augenzwinkern Gottes

wieder den frommen Ernst

Raureif am Sonntagmorgen

Die Bäume haben über Nacht

glitzernde Spitzenborten angelegt

Auf dem Weg zur Kirche muss ich lächeln

Herausgeputzt stehen sie da

im Sonntagskleid

und loben dich feierlich auf ihre leise Weise

Was muss ich tun, um dir zu begegnen?

Was muss ich tun, um dir zu begegnen?

Viel lesen, viel lernen, viel diskutieren, viel tun?

Die Summe pastoraler Bemühungen

ergibt noch keine Begegnung mit dir.

Die Vielzahlt meiner Mühen

wird nichts fruchten,

wenn mein Blick nicht wahrhaftig

dich sucht.

Du würdest sagen…

Über alte Wege gehst du mit beseelten Augen,

wenn du im Alltag innehältst und nach mir schaust.

Am laufenden Band

wirst du dann brennenden Dornbüschen begegnen,

überrascht dich im gewohnten täglichen Tun

mein aufstrahlendes Licht.

Bibellesen

(Haiku)

Manchmal ist dein Wort

zäh und hart wie altes Brot

doch nichts nährt besser

Gedanken zum Evangelium

(Hochzeit zu Kanaa)

Meine bescheidenen Fähigkeiten

sind das Wasser

das du zu Wein wandelst

wenn ich meinen Lebenskrug

dir hinhalte

Mein alter Freund

Es wird mich nie wieder

jemand so begrüßen wie du

Deine Freude, mich zu sehen,

leuchtete aus allen Poren

Ohne Narkose

hat dich der Tod

aus meinem Herzen herausgeschnitten

für den Rest meines Lebens

Die schmerzende Wunde

wird mich immer an dich erinnern

Aber das Drüben

ist durch dich reicher geworden

Ganz langsam wird diese Lücke

mit Vorfreude gefüllt

Jesus

Türkis

dämmert der Morgen

hinter verblassenden Sternen

Schwer

hängt der Tau

in den Gräsern

Barfuß stehe ich im Garten

und flüstere deinen Namen

Eine Amsel antwortet

Es sprengt mir das Herz

Überraschung vorm Kleiderschrank

Früher war alles grau, braun und beige

was darin hing

immer schön Ton in Ton

gut aufeinander abgestimmt und angepasst

In letzter Zeit wird's darin bunter

Es fühlt sich gut an

Du hast Recht:

Wenn man sich auf dich einlässt

fängt man an zu blühen

Printed by Books on Demand GmbH, Norderstedt / Germany